国家数字图书馆工程标准规范成果

U0655898

国家图书馆甲骨元数据
规范与著录规则

卢芳玉　苏品红　主编

国家圖書館出版社

图书在版编目(CIP)数据

国家图书馆甲骨元数据规范与著录规则/卢芳玉,苏品红主编. --北京:国家图书馆出版社,2014.2

(国家数字图书馆工程标准规范成果)

ISBN 978 - 7 - 5013 - 5254 - 8

Ⅰ.①国… Ⅱ.①卢…②苏… Ⅲ.①中国国家图书馆—甲骨文—电子图书—数据管理—规范②中国国家图书馆—甲骨文—电子图书—著录规则 Ⅳ.①G255.75 - 65

中国版本图书馆 CIP 数据核字(2013)第 294092 号

书　名	国家图书馆甲骨元数据规范与著录规则	
著　者	卢芳玉　苏品红　主编	
丛 书 名	国家数字图书馆工程标准规范成果	
责任编辑	金丽萍	

出　版　国家图书馆出版社(100034　北京市西城区文津街 7 号)
　　　　　(原书目文献出版社　北京图书馆出版社)
发　行　010 - 66114536　66126153　66151313　66175620
　　　　　66121706(传真),66126156(门市部)
E-mail　btsfxb@ nlc. gov. cn(邮购)
Website　www. nlcpress. com ──→投稿中心
经　销　新华书店
印　装　北京科信印刷有限公司
版　次　2014 年 2 月第 1 版　2014 年 2 月第 1 次印刷

开　本　787×1092(毫米)　1/16
印　张　5.5
字　数　55千字

书　号　ISBN 978 - 7 - 5013 - 5254 - 8
定　价　58.00元

《国家数字图书馆工程标准规范成果》丛书编委会

主　编：国家图书馆

编委会：

　　主　任：周和平

　　执行副主任：詹福瑞

　　副主任：陈　力　魏大威

　　成　员（按姓氏拼音排名）：卜书庆　贺　燕　蒋宇弘

　　　　　　梁惠玮　龙　伟　吕淑萍　申晓娟　苏品红

　　　　　　汪东波　王文玲　王　洋　杨东波　翟喜奎

　　　　　　赵　悦　周　晨

本书编委会

主　编：卢芳玉　苏品红
编　委：胡辉平　赵爱学　史　睿　贾双喜　袁玉红　冀亚平　鲍国强　孙　俊

总　　序

　　数字图书馆涵盖多个分布式、超大规模、可互操作的异构多媒体资源库群,面向社会公众提供全方位的知识服务。它既是知识网络,又是知识中心,同时也是一套完整的知识定位系统,并将成为未来社会公共信息的中心和枢纽。数字图书馆建设的最终目标是实现对人类知识的普遍存取,使任何群体、任何个人都能与人类知识宝库近在咫尺,随时随地从中受益,从而最终消除人们在信息获取方面的不平等。"国家图书馆二期工程暨国家数字图书馆工程"是国家"十五"重点文化建设项目,由国家图书馆主持建设,其中国家数字图书馆工程的建设内容主要包括硬件基础平台、数字图书馆应用系统和数字图书馆标准规范体系。

　　标准规范作为数字图书馆建设的基础,是开发利用与共建共享资源的基本保障,是保证数字图书馆的资源和服务在整个数字信息环境中可利用、可互操作和可持续发展的基础。因此,在数字图书馆建设中,应坚持标准规范建设先行的原则。国家数字图书馆标准规范体系建设围绕数字资源生命周期为主线进行构建,涉及数字图书馆建设过程中所需要的主要标准,涵盖数字内容创建、数字对象描述、数字资源组织管理、数字资源服务、数字资源长期保存五个环节,共计三十余项标准。

　　在国家数字图书馆标准规范建设中,国家图书馆本着合作、开放、共建的原则,引入有相关标准研制及实施经验的文献信息机构、科研机构以及企业单位承担标准规范的研制工作,这就使得国家数字图书馆标准规范的研制能够充分依托国家图书馆及各研制单位数字图书馆建设的实践与研究,使国家数字图书馆的标准规范成果具有广泛的开放性与适用性。本次出版的系列成果均经过国家图书馆验收、网上公开质询以及业界专家验收等多个验收环节,确保了标准规范成果的科学性及实用性。

目前,国内数字图书馆标准规范尚处于研究与探索性应用阶段,国家图书馆担负的职责与任务决定了我们在数字图书馆标准规范建设方面具有的责任。此次将国家数字图书馆工程标准规范研制成果付梓出版,将为其他图书馆、数字图书馆建设及相关行业数字资源建设与服务提供建设规范依据,对于推广国家数字图书馆建设成果、提高我国数字图书馆建设标准化水平、促进数字资源与服务的共建共享具有重要意义。

国家图书馆馆长　周和平

2010 年 8 月

目　录

前　言

甲骨是中国商周时期用于记录占卜内容或其他事项的龟甲和兽骨的总称,是一种重要的出土文献。甲骨主要出土于河南省安阳市小屯村殷墟遗址。甲骨上刻写的内容涉及商代的天文、地理、军事、农业、交通、宗教等社会生活各个方面,反映了商代的阶级、国家、社会生产、思想文化等各方面的情况。甲骨是迄今发现的商周时期最重要的文献载体。

甲骨文被誉为19世纪末至20世纪初四大史料发现之一。自1899年被发现以来,在殷墟出土的有刻辞的甲骨约有15万块,收藏遍布全世界。中国内地有90多家公私机构、30多家私人收藏甲骨,共9.7万余块;台湾和香港有9家公私机构、4家私人收藏甲骨,共3万多块。在国外,有日本、加拿大、英国、美国等17个国家收藏甲骨,共2万多块。

人们在甲骨发现之初就致力于对其资源的整理与发布,如1903年出版的《铁云藏龟》。百年来,有关甲骨的专著和论文有近200种,共著录甲骨10万块。20世纪70年代末80年代初,中国社会科学院历史研究所汇集已有的甲骨著录和国内外公私收藏,选择其中41956块汇编成《甲骨文合集》。近年来,又有几批新的甲骨出土,也已编成《小屯南地甲骨》《花园庄东地甲骨》公布于世。百年间揭示甲骨资源的方式,从初期多采用传拓和摹写,著录对象也多为甲骨拓片,发展为传拓、摹写、照片三位一体的方式。

近年来,随着互联网技术和数字图书馆的蓬勃发展,数字资源在查阅、复制、共享等方面的快捷、便利特性,明显优于纸质出版物。以数字影像的形式发布甲骨资源,已逐渐成为甲骨收藏单位的必然选择,也是科研机构等使用者喜闻乐见的形式。目前,互联网上所见主要甲骨资源库有龙语翰堂典籍数据库甲骨文库、复旦大学文化人类学数字博物馆藏甲骨、香港中文大学汉达文库“甲骨文全文资料库”、台湾汉珍资讯“甲骨文全文影像资料库”、台湾“中央研究院”历史语言研究所“甲骨文数位典藏”、京都大学人文科学研究所藏甲骨文字、中国国家图书馆“甲骨世界”资源库。其中,龙语翰堂典籍数据库甲骨文库、香港中文大学汉达文库“甲骨文全文资料库”、台湾汉珍资讯“甲骨文全文影像资料库”等是已出版有关甲骨书籍的数字资源,主要提供甲骨文释文资源,日本京都大学和中国复旦大学、台湾“中央研究院”、国家图书馆作为甲骨收藏单位,主要发布甲骨图像资源。

在上述资源库中,台湾“中央研究院”的“甲骨文数位典藏”资源库和国家图书馆“甲骨世界”资源库使用了规范的专门元数据揭示。台湾“中央研究院”的“甲骨文数位典藏”资源库采用CDWA元数据著录其拓片资源。但CDWA更适用于博物馆著录艺术品,不太适宜对具有很强文献性质的甲骨资源的揭示。比如:没有区别度高的“题名”元素;有些元素设置过于详细,不便于实际应用。

国家图书馆作为收藏甲骨最多的单位，馆藏甲骨的数字化工作起步较早。2003 年开始采用 CNMARC 格式编目，借鉴古籍著录规则设计了适合甲骨特点的著录项和著录规则，实现了甲骨书目数据的数字化，迄今已制作甲骨实物和拓片书目数据 14000 余条。为了更好地揭示馆藏甲骨资源，让读者更方便获取书目数据和影像数据，国家图书馆从 2004 年起建设"甲骨世界"资源库。该资源库采用自创性的描述元数据对馆藏甲骨实物和拓片影像资源进行揭示。目前已发布甲骨拓片元数据 4776 条、拓片影像 5024 幅，发布甲骨实物元数据 3764 条、实物影像 7532 幅。该资源库使用的元数据设有馆藏号、来源号、贞人、断代、出土地点、原骨属性、原骨尺寸、卜辞内容类别、拓片来源、拓片尺寸、缀合情况、著录情况、释文等元素。

尽管国家图书馆对甲骨资源的数字化加工较早就开始了，但使用的揭示甲骨对象数据的元数据方案并非经过标准化、规范化的研制，没有成为业界认可、使用的正式标准。为此，国家数字图书馆工程在古文献类元数据标准研制中设立了甲骨子项目，国家图书馆金石组则凭借其长期对丰富的甲骨馆藏的研究、整理实践和甲骨数字资源建设的已有成绩，获得了"专门元数据标准与著录规范——甲骨"子项目的研制任务。

甲骨作为一种文献，与一般的书籍文献不同，具有自身显著的特征。诸如甲骨没有明确的题名，通常以编号代替题名；甲骨的材质多为龟甲和兽骨，龟甲一般为龟腹甲，也有少量背甲，兽骨多为牛肩胛骨；甲骨刻辞一般可刻于龟甲的正面和背面，牛肩胛骨的正面、背面以及骨臼；甲骨背面有钻凿，是对甲骨分期断代的重要依据；甲骨经过三千多年的地下埋藏，朽化易碎，出土后大多碎为多块，需要对原属同版的甲骨碎块连接复原，即甲骨缀合。种种区别于一般书籍文献的特性，均是该子项目研究的重要问题。

基于以上认识，我们根据国家数字图书馆规范文件《国家图书馆元数据总则》《国家图书馆专门元数据设计规范》，对国内外主要的甲骨资源元数据规范现状与发展趋势进行了较为全面的调研，并进一步认识国家图书馆的甲骨资源，分析和总结了使用者、管理者对甲骨元数据的需求，确定了甲骨元数据标准的设计原则；确定以单块甲骨为著录单位；采用 13 个核心元素和 5 个古文献核心元素，并根据甲骨自身的特点，扩展其所需的 7 个个别元素；注意著录对象之间因甲骨缀合、附刻等造成的各种并列关系、包含关系。在此基础上撰写了《国家图书馆甲骨元数据规范调研报告》，研制了《国家图书馆甲骨元数据标准规范》和《国家图书馆甲骨元数据著录规则》，并运用元数据标准和著录规范编写了《甲骨元数据著录样例》。限于体例，《国家图书馆甲骨资源调研与分析报告》部分不收入本书。

作为业界首个专门的甲骨元数据规范，加之甲骨文献很强的专业性，本规范难免有疏漏之处，还请各甲骨收藏单位、学界同仁不吝赐教。

编者
2013 年 10 月

第一部分　国家图书馆甲骨元数据标准规范

1 范围

本标准适用于描述甲骨的数字化资源及甲骨实物。甲骨拓片及数字化的甲骨拓片资源可参考使用国家数字图书馆工程研制的《专门元数据标准与著录规范——拓片》。

2 规范性引用文件

下列文件对于本标准规范文件的应用必不可少。凡注明日期的引用文件,仅注日期的版本适用于本文件。凡是不注日期的引用文件,其最新版本(包括所有的修改单)适用于本文件。下列缩写是该文献在规范正文中被引用时出现的形式。

信息与文献都柏林核心元数据元素集 GB/T 25100—2010

<http://www. docin. com/p-226159789. html >

DCMI 元数据术语集(DCMI-TERMS,DCMI Metadata Terms)

<http://dublincore. org/documents/dcmi-terms >

DCMI 命名域政策(DCMI-NAMESPACE,DCMI Namespace Policy)

<http://dublincore. org/documents/dcmi-namespace >

Date and Time Formats, W3C Note. [W3CDTF]

日期与时间格式,W3C 注释[W3CDTF]

<http://www. w3. org/TR/NOTE-datetime >

Uniform Resource Identifiers (URI):Generic Syntax. [RFC 3986]

统一资源标识符(URI):通用句法[RFC 3986]

<http://www. ietf. org/rfc/rfc3986. txt >

GB/T 1[1].1—2009 标准化工作导则

第 1 部分:标准的结构和编写

3　术语和定义

下列术语和定义适用于本标准。

3.1　甲骨

中国商周时期用于记录占卜内容及其他记事的龟甲和兽骨的总称。甲骨材质多为龟甲和牛肩胛骨,也有少量羊、猪、兕、虎骨及人骨,一般统称为龟甲和兽骨。

3.2　甲骨资源

包括甲骨的数字化资源及甲骨实物。数字化甲骨资源以照片或电子形态为主要存储载体,甲骨则是三维立体的实物。

3.3　甲骨刻辞

指刻在甲骨上用于记录占卜及其他事项的文字,可统分为占卜刻辞、记事刻辞和表谱刻辞三大类。记事刻辞分为一般性记事刻辞和五种记事刻辞,根据在甲骨部位的不同,五种记事刻辞指甲桥刻辞、甲尾刻辞、背甲刻辞、骨面刻辞、骨臼刻辞。

3.4　习刻

指刻于甲骨上的非正式占卜刻辞。一般来说,习刻刻辞字体粗放、词句简单,内容多为干支表。

3.5　骨臼

牛肩胛骨俗称"扇子骨",其骨关节的内凹面,称为"骨臼"。

3.6　甲桥

指龟背甲和腹甲接合的部位,即龟腹甲左右两侧的中部弯曲的部分。

3.7　贞人

卜问命龟者。贞人名一般位于甲骨卜辞"卜"下"贞"上。

3.8 涂朱、涂墨

甲骨刻辞刻画中涂以朱色称为"涂朱",或称"填朱";涂以墨色称为"涂墨",或称"填墨"。

3.9 钻凿

占卜之前,要对甲骨进行攻治修整,在甲骨的背面用钻或凿的方式挖出小坑,利于占卜过程中施灼时在甲骨正面产生兆纹,这种小坑称为"钻凿"。

3.10 缀合片、被缀合片

甲骨出土后大多分裂破碎,原属同版的甲骨碎块需重新连接复合,即缀合,经过连接复原而成的相对完整的甲骨块称为缀合片,被缀合的甲骨碎块称为被缀合片。

3.11 隶定

按照古文字原有结构,用现行书写形式转写文字。

3.12 释文

根据古文字考释的结果,用现在通行的汉字释译甲骨刻辞。

3.13 合文

又称合书,是指古文字中前后相连的两个或几个字合写在一起,形式上是一个书写的构形单位。

3.14 重文

是一种非文字性的书写符号,用符号"="标识于需要重读的文字下方,表示该字重复使用。

4 甲骨元数据规范的属性和内容结构

本标准规范中的术语通过以下属性进行定义。

表 1 甲骨元数据规范属性定义表

	属性名	属性定义	约束
1	标识符(Identifier)	术语的唯一标识符,以 URI 的形式给出	必备
2	名称(Name)	赋予术语的唯一标记	必备
3	出处(Defined By)	一般给出术语的来源名称及来源的 URI。如无来源名称与 URI,则给出定义该术语或维护术语的机构名称。或者也可以是书目引文,指向定义该术语的文献	必备
4	标签(Label)	元素或元素修饰词在本元数据规范中的可读标签	必备
5	定义(Definition)	元素或元素修饰词在本元数据规范中的定义	必备
6	注释(Comments)	关于术语或其应用的其他说明,如特殊的用法等	可选
7	术语类型(Type of Term)	术语的类型。其值为:元素、元素修饰词和编码体系修饰词	必备
8	限定(Refines)	在定义元素修饰词时,明确给出该术语所修饰的元素在本规范中的标签	有则必备
9	元素修饰词(Refined By)	在定义元素时,若有元素修饰词,明确给出元素修饰词在本规范中的标签	有则必备
10	编码体系修饰词(Encoding Scheme)	在定义元素或元素修饰词时,若有编码体系修饰词,明确给出编码体系修饰词在本规范中的标签	有则必备
11	数据类型(Type of Term)	术语允许取值的数据类型	可选
12	版本(Version)	产生该术语的元数据规范版本	可选
13	语言(Language)	用来说明术语的语言	可选

上述属性中的四项做如下固定取值:

·版本:1.0

·语言:缺省为中文

·数据类型:字符串

·频次范围:不限,为$[0,\infty)$

遵循《国家图书馆元数据应用规范》和《国家图书馆专门元数据设计规范》的要求,甲骨元数据元素集由核心元素、古文献类核心元素和甲骨个别元素组成,共 25 个;另根据精确描述著录对象的需要,扩展了 17 个元素修饰词,7 个编码体系修饰词。见表 1"甲骨元数据规范元素列表"。如再有特别需要,可遵循《国家图书馆元数据应用规范》《国家图书馆专门元数据设计规范》中的扩展规则进行扩展。

表 2　甲骨元数据规范元素列表

元素	元素修饰词	编码体系修饰词	复用标准
核心元素 13 个			
题名			dc：title
	其他题名		
责任者			dc：creator
	责任方式		
	责任者说明		
日期			dc：date
		年号纪年	
		公元纪年	
资源类型			dc：type
语种			dc：language
附注			dc：description
	责任者附注		
主题			dc：subject
		甲骨内容关键词	
时空范围			dc：coverage
	地点		
	年代		
		年号纪年	
		公元纪年	
相关资源		URI	dc：relation
	相关拓片		
	相关文献		
	缀合片		
	被缀合片		
	相互缀合		
来源			dc：source
格式			dc：format
	资源载体		
	文件大小		
标识符			dc：identifier
		URI	
权限			dc：rights

续表

元素	元素修饰词	编码体系修饰词	复用标准
古文献类核心元素5个			
版刻类型			mods：edition
载体形态			
	数量		
	尺寸		
收藏历史			dcterms：provenance
文物保护			
馆藏信息			mods：location
	典藏址		
	典藏号		
甲骨个别元素7个			
甲骨出土地点			
甲骨出土日期			
甲骨材质			
字数			
释文			
钻凿形态			
部位			

注:本规范定义的元素顺序与使用时的顺序无关。使用或开发系统时,可按实际需要确定其顺序。甲骨元数据著录规则中设定的元素顺序为推荐使用顺序。

5 核心元素及其修饰词定义

5.1 题名

标识符:http://www.nlc.gov.cn/core/elements/title

名称:title

出处:Dublin Core Terms:http://purl.org/dc/terms

标签:题名

定义:甲骨资源的名称。

注释:甲骨本身没有明确的题名,甲骨的通用编号即正题名。甲骨的通用编号一般是按通行命名原则构成的,即由收藏单位简称加编号组成。如国家图书馆藏某块甲骨,学术界习惯命名为"北图某某号",即是此块甲骨的通用题名。通用编号以外的编号为其他题名。

术语类型:元素

元素修饰词:其他题名

示例:

    例1   题名:北圖5622

          资源类型:甲骨

    例2   题名:北圖6500

          资源类型:甲骨照片

    例3   题名:北圖6500

          资源类型:甲骨電子照片

其他题名

标识符:http://www.nlc.gov.cn/core/terms/otherTitle

名称:other title

出处:Dublin Core Terms:http://purl.org/dc/terms

标签:其他题名

定义:与通用题名不相同的其他名称。

术语类型:元素修饰词

限定:题名

示例:

    例1   题名:北圖5520

          其他题名:善齋117

    例2   题名:北圖5769 + 北圖6310

          其他题名:善齋366

          其他题名:善齋907

5.2 责任者

标识符:http://www.nlc.gov.cn/core/elements/creator

名称:creator

出处:Dublin Core Terms:http://purl.org/dc/terms

标签:责任者

定义:对创建甲骨资源内容负责任的实体。

注释:包括甲骨资源责任者的名称,即甲骨刻辞的责任者贞人或数字化甲骨资源的责任者,以及责任方式及时代方面的责任者说明。

术语类型:元素

元素修饰词:责任方式,责任者说明

5.2.1 责任方式

标识符:http://www.nlc.gov.cn/core/terms/role

名称:role

出处:国家图书馆

标签:责任方式

定义:责任者在甲骨资源内容形成过程中所做的工作。

注释:甲骨实物资源的责任方式一般为"贞"和"卜",甲骨数字化资源的责任方式可视具体情况而定。

术语类型:元素修饰词

限定:责任者

5.2.2 责任者说明

标识符:http://www.nlc.gov.cn/core/terms/ statementOfResponsibility

名称: statement of responsibility

出处:国家图书馆

标签:责任者说明

定义:对责任者时代方面的说明。

术语类型:元素修饰词

限定:责任者

示例:

例1 责任者:賓

责任方式:贞

责任者说明:商

例2 责任者:雀

责任方式:卜

责任者说明:商

例3 责任者:爭

责任方式:[贞]

责任者说明:商

注:"[贞]"表示"贞"字原本残缺,系补文。

5.3　日期

标识符:http://www.nlc.gov.cn/core/elements/date

名称:date

出处:Dublin Core Terms:http://purl.org/dc/terms

标签:日期

定义:甲骨资源产生的时间。

注释:包括甲骨刻辞刻写的时间和数字资源制作的时间。甲骨刻辞的日期一般采用五期分法,即学术界把殷墟甲骨刻辞所反映的商代后期分为五期:第一期为武丁,第二期为祖庚、祖甲,第三期为廪辛、康丁,第四期为武乙、文丁,第五期为帝乙、帝辛。甲骨数字资源的制作时间,一般采用 YYYY－MM－DD 的格式,当数字资源创制时间是一个时间段时,可以用起讫日期表示,如 2000－2003。

术语类型:元素

编码体系修饰词:年号纪年,公元纪年

5.3.1　年号纪年

标识符:http://www.nlc.gov.cn/ancientBookCategory/terms/ChineseCalendarDate

名称:Chinese calendar year

出处:国家图书馆

标签:年号纪年

定义:按古代中国及其周边国家以帝王年号或国号为名称的纪年法标记的历史年代。

注释:甲骨资源的年号纪年具有特殊性,一般以商王分期为纪年标准。根据学术界公认的看法,把殷墟甲骨刻辞所反映的商代后期分为五期:第一期为武丁,第二期为祖庚、祖甲,第三期为廪辛、康丁,第四期为武乙、文丁,第五期为帝乙、帝辛。年号著录参见"附录 A　甲骨分期对照表"。

术语类型:编码体系修饰词

限定:日期

5.3.2　公元纪年

标识符:http://www.nlc.gov.cn/core/terms/GregorianCalendarDate

名称:Gregorian calendar year

出处:国家图书馆

标签:公元纪年

定义:以耶稣诞生之年为元年的纪年法。

注释:甲骨文中一般只记载贞人和日子,无年号和具体年月。此项著录时,先著录刻写朝代、王年号,再将该年号的公元纪年的起讫年著录于年号之后圆括号内。如:商武丁(B. C. 1250 – B. C. 1192)。

术语类型:编码体系修饰词

限定:日期

示例:

    例1 年号纪年:商武丁時期(刻)

        公元纪年:B. C. 1250 – B. C. 1192

    例2 年号纪年:商祖庚祖甲時期(刻)

        公元纪年:B. C. 1191 – B. C. 1152

    例3 年号纪年:商廩辛康丁時期(刻)

        公元纪年:B. C. 1151 – B. C. 1148

    例4 年号纪年:商武乙文丁時期(刻)

        公元纪年:B. C. 1147 – B. C. 1102

    例5 年号纪年:商帝乙帝辛時期(刻)

        公元纪年:B. C. 1101 – B. C. 1046

    例6 日期:2005 – 06 – 21

    注:此为甲骨照片的制作日期。

5.4　资源类型

标识符:http://www.nlc.gov.cn/core/elements/type

名称:type

出处:Dublin Core Terms:http://purl.org/dc/terms

标签:资源类型

定义:有关资源内容的特征和类型。

注释:甲骨资源的类型可以是甲骨实物或图像等其他数字化资源。建议采用来自于受控词表中的值(例如 DCMI 类型词汇表[DCMITYPE])。要描述甲骨的物理或数字化表现形式,须使用元素"格式"。

术语类型:元素

示例:

    例1 资源类型:甲骨

例 2　资源类型：照片

　　　　格式：JPEG

5.5　语种

标识符：http://www.nlc.gov.cn/core/elements/language

名称：language

出处：Dublin Core Terms：http://purl.org/dc/terms

标签：语种

定义：甲骨资源内容所使用的文字语种。

注释：这里所说的语种是指甲骨上出现的文字种类。

术语类型：元素

示例：

　　　　语种：漢文

5.6　附注

标识符：http://www.nlc.gov.cn/core/elements/description

名称：description

出处：Dublin Core Terms：http://purl.org/dc/terms

标签：附注

定义：对甲骨资源内容的描述及对各著录项目的补充说明。

注释：此项著录甲骨的内容、形式等各方面的注释说明，包括与甲骨有关的考证和说明，附加性说明。

术语类型：元素

示例：

　　　　例 1　题名：北圖 4667

　　　　　　　附注：塗朱

　　　　例 2　题名：北圖 4804

　　　　　　　附注：偽刻

5.7　主题

标识符：http:// www.nlc.gov.cn/core/elements/subject

名称：subject

出处:Dublin Core Terms:http://purl.org/dc/terms

标签:主题

定义:对甲骨资源内容的主题描述。

注释:此项著录与甲骨资源内容有关的关键词。

术语类型:元素

编码体系修饰词:甲骨内容关键词

甲骨内容关键词

标识符:http://www.nlc.gov.cn/bone/terms/OracleContentKeyword

名称:Oracle content keyword

出处:国家图书馆

标签:甲骨内容关键词

定义:依据甲骨内容对其主题进行标引的关键词。

注释:甲骨内容关键词表是参照《甲骨文合集》的"分类总目"而拟定,见附录 B。

术语类型:编码体系修饰词

限定:主题

示例:

　　　　甲骨内容关键词:祭祀、戰爭

5.8　时空范围

标识符:http://www.nlc.gov.cn/core/elements/coverage

名称:coverage

出处:Dublin Core Terms:http://purl.org/dc/terms

标签:时空范围

定义:甲骨内容涉及的地点、时代范围。

注释:可考证的古今地名和时代均予以著录。地点按省(市、自治区)、县、乡、村的名称顺序著录;年代著录可参考"附录 A　甲骨分期对照表"。

术语类型:元素

元素修饰词:地点,年代

编码体系修饰词:年号纪年,公元纪年

5.8.1　地点

标识符:http://www.nlc.gov.cn/core/terms/spacial

名称:spacial

出处:国家图书馆

标签:地点

定义:甲骨内容涉及的地理范围。

术语类型:元素修饰词

限定:时空范围

5.8.2 年代

标识符:http://www.nlc.gov.cn/core/terms/temporal

名称:temporal

出处:国家图书馆

标签:年代

定义:甲骨内容涉及的时代。

术语类型:元素修饰词

限定:时空范围

编码体系修饰词:年号纪年,公元纪年

5.8.2.1 年号纪年

标识符:http://www.nlc.gov.cn/ancientBookCategory/terms/ChineseCalendarDate

名称:Chinese calendar year

出处:国家图书馆

标签:年号纪年

定义:按古代中国及其周边国家以帝王年号或国号为名称的纪年法标记的历史年代。

注释:甲骨资源的年号纪年具有特殊性,一般以商王分期为纪年标准。根据学术界公认的看法,把殷墟甲骨刻辞所反映的商代后期分为五期:第一期为武丁,第二期为祖庚、祖甲,第三期为廪辛、康丁,第四期为武乙、文丁,第五期为帝乙、帝辛。年号著录参见"附录A 甲骨分期对照表"。

术语类型:编码体系修饰词

限定:时空范围,年代

5.8.2.2 公元纪年

标识符:http://www.nlc.gov.cn/core/terms/GregorianCalendarDate

名称:Gregorian calendar year

出处:国家图书馆

标签:公元纪年

定义:以耶稣诞生之年为元年的纪年法。

注释:甲骨文中一般只记载贞人和日子,无年号和具体年月。此项著录时,先著录刻写朝代、王年号,再将该年号考证的公元纪年的起讫年著录于年号之后圆括号内。

术语类型:编码体系修饰词

限定:时空范围,年代

示例:

> 例1 时空范围:地点:河南省安陽市
>
> 年代:商祖庚、祖甲時期(B. C. 1191 – B. C. 1152)
>
> 例2 时空范围:地点:河南省安陽市
>
> 年代:商代後期(B. C. 1300 – B. C. 1046)

5.9 相关资源

标识符:http://www.nlc.gov.cn/core/elements/relation

名称:relation

出处:Dublin Core Terms:http://purl.org/dc/terms

标签:相关资源

定义:可参照的相关文献资源。

注释:与著录甲骨资源相关的其他甲骨资源或文献资源。

术语类型:元素

元素修饰词:相关拓片,相关文献,缀合片,被缀合片,相互缀合

5.9.1 相关拓片

标识符:http://www.nlc.gov.cn/bone/terms/relatedItems

名称:related items

出处:国家图书馆

标签:相关拓片

定义:被著录甲骨资源相对应的甲骨拓片资源。

术语类型:元素修饰词

限定:相关资源

示例:

> 相关拓片:北圖2253T

5.9.2 相关文献

标识符:http://www.nlc.gov.cn/core/terms/bibliographicReferences

名称:bibliographic references

出处:Dublin Core Terms:http://purl. org/dc/terms

标签:相关文献

定义:与被著录甲骨资源有关的主要文献。

术语类型:元素修饰词

限定:相关资源

示例:

      相关文献:《殷契粹编》429

5.9.3 缀合片

标识符:http://www. nlc. gov. cn/bone/terms/theConjugated

名称:the conjugated

出处:国家图书馆

标签:缀合片

定义:由多个甲骨碎块连接复原而成的更完整的甲骨块。

注释:此处链接单块甲骨被缀合成较完整的缀合片的记录,表示著录对象与链接对象的被包含关系。

术语类型:元素修饰词

限定:相关资源

示例:

      题名:北圖5438

      缀合片:北圖5438 + 北圖5439

      相关文献:《甲骨文合集》23671

    注:北图5438 与北图5439 相缀合,并被《甲骨文合集》收录为23671 号。

5.9.4 被缀合片

标识符:http://www. nlc. gov. cn/bone/terms/thePieceOfConjugated

名称:the piece of conjugated

出处:国家图书馆

标签:被缀合片

定义:组成缀合片的单个甲骨碎块。

注释:此处链接经缀合的甲骨所包含的被缀合单块的记录,表示著录对象与链接对象之间的包含关系。

术语类型:元素修饰词

限定:相关资源

示例：

　　　题名：北圖 5769 + 北圖 6310

　　　被缀合片：北圖 5769

　　　被缀合片：北圖 6310

注：题名为"北图 5769 + 北图 6310"，表示北图 5769 与北图 6310 相互缀合且两片甲骨已经拼粘在一起。

5.9.5　相互缀合

标识符：http://www.nlc.gov.cn/bone/terms/mutuallyConjugated

名称：mutually conjugated

出处：国家图书馆

标签：相互缀合

定义：与被著录甲骨相缀合的其他甲骨。

注释：此处链接可以互相缀合的甲骨的单块记录，表示著录对象与链接对象之间的并列关系。

术语类型：元素修饰词

限定：相关资源

示例：

　　　题名：北圖 5438

　　　相互缀合：北圖 5349

注：北图 5438 与北图 5439 可以相互缀合，并被《甲骨文合集》收录为第 23671 号，但两片甲骨没有拼粘在一起。

5.10　来源

标识符：http://www.nlc.gov.cn/core/elements/source

名称：source

出处：Dublin Core Terms：http://purl.org/dc/terms

标签：来源

定义：甲骨资源的出处信息。

注释：此处可链接被著录甲骨资源的直接底本或来源信息，如甲骨实物信息、图片影像或电子资源、网络资源等。

术语类型：元素

示例：

　　　例 1　资源类型：甲骨照片

来源：甲骨實物：北圖 4532

例 2　资源类型：甲骨電子照片

来源：中國國家圖書館特色資源圖片頻道——甲骨實物：北圖 5361

http://mylib. nlc. gov. cn/web/guest/jiagushiwu

5.11　格式

标识符：http://www. nlc. gov. cn/core/elements/format

名称：format

出处：Dublin Core Terms：http://purl. org/dc/terms

标签：格式

定义：甲骨资源的物理载体或电子形态。

注释：包括甲骨资源的媒体类型或资源的大小，可以用来标识或展示操作资源所需的软硬件或其他相应设备。

术语类型：元素

元素修饰词：资源载体，文件大小

5.11.1　资源载体

标识符：http://www. nlc. gov. cn/core/terms/medium

名称：medium

出处：Dublin Core Terms：http://purl. org/dc/terms

标签：资源载体

定义：电子资料的载体形式。

注释：说明电子图片的载体形式，同一文件的两种或多种格式保存在不同的载体上，可重复描述。

术语类型：元素修饰词

限定：格式

示例：

资源载体：光盤

5.11.2　文件大小

标识符：http://www. nlc. gov. cn/core/terms/extent

名称：extent

出处：Dublin Core Terms：http://purl. org/dc/terms

标签：文件大小

定义:甲骨电子图片的存储容量。

注释:用于注明电子图片的存储容量大小,包括其文件单位代码。

术语类型:元素修饰词

限定:格式

示例:

例1   资源载体:相紙

例2   资源载体:柯達 135 反轉片

例3   格式:TIFF

　　　资源载体:DVD-R 光盤

　　　文件大小:46. 1MB

例4   格式:JPEG

　　　资源载体:DVD-R 光盤

　　　文件大小:1. 47 MB

5. 12   标识符

标识符:http://www. nlc. gov. cn/core/elements/identifier

名称:identifier

出处:Dublin Core Terms:http://purl. org/dc/terms

标签:标识符

定义:每个甲骨资源著录单位所具备的系统唯一标识符。

注释:标识符又被称作统一数字资源标识,即每一条记录提交时系统自动生成的 ID 号。

术语类型:元素

5. 13 权限

标识符:http://www. nlc. gov. cn/core/elements/rights

名称:rights

出处:Dublin Core Terms:http://purl. org/dc/terms

标签:权限

定义:甲骨资源本身所有或被赋予的权限信息。

注释:一般包括知识产权(IPR)、版权和其他各种产权。这里用于著录甲骨资源的版权信息和相关使用或访问权限。

术语类型:元素

示例:

    权限:館内閱覽

6 古文献类核心元素及其修饰词定义

6.1 版刻类型

标识符:http://www.nlc.gov.cn/ancientBookCatergory/terms/edition

名称:edition

出处:国家图书馆

标签:版刻类型

定义:因钻凿、占卜、刻制不同而产生的不同特征的甲骨资源类型。

注释:著录甲骨的版刻方式和说明,以及甲骨的版本特征,如涂朱、涂墨或朱书、墨书等特征说明。

术语类型:元素

示例:

    例1 版刻类型:原刻,涂朱

    例2 版刻类型:原刻,涂墨

6.2 载体形态

标识符:http://www.nlc.gov.cn/ancientBookCatergory/terms/physicalDescription

名称:physical description

出处:国家图书馆

标签:载体形态

定义:甲骨资源的外观形态。

注释:主要指甲骨资源的数量和尺寸。

术语类型:元素

元素修饰词:数量,尺寸

6.2.1 数量

标识符:http://www.nlc.gov.cn/ancientBookCatergory/terms/number

名称:number

出处:国家图书馆

标签:数量

定义:编目甲骨的块数、甲骨图片资源的张数。

注释:甲骨实物的数量,以"块"为计量单位;数字化甲骨资源的数量根据具体情况著录,如图片以"幅"为计量单位。

术语类型:元素修饰词

限定:载体形态

示例:

甲骨实物数量:1 块

甲骨图片数量:1 幅

6.2.2　尺寸

标识符:http://www.nlc.gov.cn/ancientBookCatergory/terms/dimensions

名称:dimensions

出处:国家图书馆

标签:尺寸

定义:甲骨资源的外形大小。

注释:甲骨实物一般以刻辞文字的正向为测量高度的方向,与文字正向相垂直的方向则为测量宽度的方向,以此取外形高广的最大尺寸,计量单位为"mm"。著录格式为:高度×宽度。

术语类型:元素修饰词

限定:载体形态

示例:

例1　(甲骨实物)数量:1 块

尺寸:12mm×100mm

例2　(甲骨照片)数量:1 幅

尺寸:350 mm×400mm

6.3　收藏历史

标识符:http://www.nlc.gov.cn/ancientBookCategory/terms/provenance

名称:provenance

出处:国家图书馆

标签:收藏历史

定义:对甲骨流传历史及藏品获得方式的描述。

注释:包括甲骨的来源和收藏沿革等。

术语类型:元素

示例:

例1　收藏历史:胡厚宣舊藏,捐赠入藏。

例2　收藏历史:劉體智舊藏,1953 年國家文物局調撥入藏。

例3　收藏历史:1961 年由館秘書科轉交入藏。

6.4　文物保护

标识符:http://www.nlc.gov.cn/ancientBookCategory/terms/protection

名称:protection

出处:国家图书馆

标签:文物保护

定义:对甲骨实物的保存状况及其他情况的描述。

注释:记录甲骨实物的保存条件,以及甲骨的破损、修复情况等。

术语类型:元素

示例:

文物保护:庫房條件恒溫恒濕。甲骨有裂縫,已修復。

6.5　馆藏信息

标识符:http://www.nlc.gov.cn/ancientBookCategory/terms/location

名称:location

出处:Metadata Object Description Schema:http://www.loc.gov/mods

标签:馆藏信息

定义:资源所属机构提供的与资源相关的收藏信息。

术语类型:元素

元素修饰词:典藏址,典藏号

6.5.1　典藏址

标识符:http://www.nlc.gov.cn/ancientBookCategory/terms/sub－Location

名称:sub－location

出处:国家图书馆

标签:典藏址

定义:甲骨实物所属收藏机构的信息。

术语类型:元素修饰词

限定：馆藏信息

6.5.2　典藏号

标识符：http://www.nlc.gov.cn/ancientBookCategory/terms/callNumber

名称：call number

出处：国家图书馆

标签：典藏号

定义：甲骨收藏机构为了检索和排架的需要而给予每块甲骨的编号。

术语类型：元素修饰词

限定：馆藏信息

示例：

> 典藏址：國家圖書館
>
> 典藏号：甲骨6320

7　甲骨资源个别元素及其修饰词定义

7.1　甲骨出土地点

标识符：http://www.nlc.gov.cn/bone/terms/excavatorPlace

名称：excavator place

出处：国家图书馆

标签：甲骨出土地点

定义：甲骨实物出土的具体地点。

注释：甲骨出土地点著录中国可省略，其他以省（市、自治区）、县、乡、村等名称为顺序。

术语类型：元素

示例：

> 例1　甲骨出土地点：河南省安陽市花園莊
>
> 例2　甲骨出土地点：河南省安陽市殷墟小屯村
>
> 例3　甲骨出土地点：河南省安陽市殷墟

7.2　甲骨出土日期

标识符：http://www.nlc.gov.cn/bone/terms/excavatorDate

名称：excavator date

出处:国家图书馆

标签:甲骨出土日期

定义:甲骨实物发掘出土或发现的年代。

注释:甲骨出土日期以公元纪年著录;若是出土的具体时间不详,也可模糊著录为某某年代;确实查无相关资料则著录为"不详"。

术语类型:元素

示例:

> 例1　甲骨出土日期:1973 年 10 月
>
> 例2　甲骨出土日期:1930 年代

7.3　甲骨材质

标识符:http:// www. nlc. gov. cn/bone/terms/material

名称:material

出处:国家图书馆

标签:甲骨材质

定义:甲骨实物的质料。

注释:一般分为龟甲或兽骨。

术语类型:元素

示例:

> 例1　甲骨材质:龜甲
>
> 例2　甲骨材质:獸骨

7.4　字数

标识符:http:// www. nlc. gov. cn/bone/terms/characterAmount

名称:character amount

出处:国家图书馆

标签:字数

定义:甲骨上存有文字的数量。

注释:著录对象上文字的总数。合文和重文应拆分计数,但需注明,出现一组计为一处。

必备性:可选(O)

可重复性:可重复

著录范例:

例 1　字数:10 字(合文 3 處)

例 2　字数:面 15 字(重文 2 處),背 6 字

例 3　字数:面 53 字,背 10 字,臼 5 字

例 4　字数:面 13 字,甲橋 7 字

7.5　释文

标识符:http://www.nlc.gov.cn/bone/terms/punctuatedTranscription

名称:punctuated transcription

出处:国家图书馆

标签:释文

定义:根据古文字考释的结果用现在通行的汉字将甲骨文字释译出来。

注释:释文一般用标准的繁体字,采用前人较为公认的说法;无法隶定的甲骨文字,或是已隶定而不见于现有的字库的字,均统一给出相应的编码,并在"附注"元素中说明所参照的依据。甲骨的正面、背面、臼面等都有刻字的,在释文中按面、背、臼等顺序,分别做详细著录,并标明刻辞所在的位置。为了保证释文的通用性和一致性,释文一般采取宽式释文,可加标点。

术语类型:元素

示例:

例 1　题名:北圖 6805

释文:先大庚,又自中丁。

例 2　题名:北圖 6828

释文:(1)弜至。

(2)■中宗■[王]受又又。吉。

例 3　题名:北圖 6802

释文:(1)其牢[物]。二

(2)其牢物。兹用。二

(3)[其]牢物。[兹]用。二

例 4　题名:北圖 7024

释文:貞:王賓□亡尤。

例 5　题名:北圖 7105

释文:(面)貞:燎三小#2669■三牛。

(背)□[午]乞[自]■

例 6　题名:北圖 379

释文:（面）#3694□立□

（臼）示

注:释文中的代码"#2669"、"#3694"为隶定集外字或原形字,字码编号参考:《甲骨文字编》,李宗焜编,中华书局,2012年。"□"表示缺一个字,"■"表示缺字,不知其数。

7.6 钻凿形态

标识符:http://www.nlc.gov.cn/bone/terms/descriptionShapesOfChiseledHollows

名称:description shapes of chiseled hollows

出处:国家图书馆

标签:钻凿形态

定义:甲骨占卜过程中,在甲骨面上所施的钻、凿及烧灼的痕迹。

注释:主要描述甲骨面上保存的钻凿的形态和数量及所处位置。以"个"为单位;对甲骨面上钻凿形态的描述,一般表述为方形、圆形、长条形等。

术语类型:元素

示例:

例1 钻凿形态:有鑿无鑽,共10个,分别位於龜甲两側。

例2 钻凿形态:共5个長條形鑽鑿。

例3 钻凿形态:正面有3个圓形鑽鑿,背面有6個圓形鑽鑿。

7.7 部位

标识符:http://www.nlc.gov.cn/bone/terms/position

名称:position

出处:国家图书馆

标签:部位

定义:在编甲骨资源在完整甲骨实物中的具体位置。

注释:著录甲骨实物的正面、背面或兽骨的臼面等信息,也可描述甲骨碎块在完整甲骨中的具体部位。整版龟腹甲根据部位,可以划分为首甲、中甲、前甲、后甲、尾甲、甲桥等。

术语类型:元素

示例:

例1 部位:正面,右首甲

例2 部位:背面,牛肩胛骨下半骨扇

例3 部位:牛肩胛骨骨臼

第二部分　国家图书馆甲骨元数据著录规则

1 范围

本标准规定了基于元数据创建的甲骨资源的包括著录单位、著录用文字和数字、著录项目等在内的著录规则。本标准适用于甲骨的数字化资源,也适用于甲骨实物的著录。甲骨拓片及数字化的甲骨拓片资源可参考使用国家数字图书馆工程研制的《专门元数据标准与著录规范——拓片》。

2 规范性引用文件

本标准无规范性引用文件。列出本章是为了与其他专门元数据著录规则的条款号相一致。

信息与文献 都柏林核心元数据元素集 GB/T 25100—2010

< http://www. docin. com/p-226159789. html >

DCMI 元数据术语集(DCMI-TERMS,DCMI Metadata Terms)

< http://dublincore. org/documents/dcmi-terms >

DCMI 命名域政策(DCMI-NAMESPACE,DCMI Namespace Policy)

< http://dublincore. org/documents/dcmi-namespace >

Date and Time Formats, W3C Note. [W3CDTF]

日期与时间格式,W3C 注释 [W3CDTF]

< http://www. w3. org/TR/NOTE-datetime >

GB/T 1[1]. 1—2009 标准化工作导则

第 1 部分:标准的结构和编写

GB/T 7714 文后参考文献著录规则(GB/T 7714—2005)

3 术语和定义

下列术语和定义适用于本标准。

3.1 甲骨

中国商周时期用于记录占卜内容及其他记事的龟甲和兽骨的总称。甲骨材质多为龟甲和牛肩胛骨,也有少量羊、猪、兕、虎骨及人骨,一般统称为龟甲和兽骨。

3.2 甲骨资源

包括甲骨的数字化资源及甲骨实物。数字化甲骨资源以照片或电子形态为主要存储载体,甲骨则是三维立体的实物。

3.3 甲骨刻辞

指刻在甲骨上用于记录占卜及其他事项的文字,可统分为占卜刻辞、记事刻辞和表谱刻辞三大类。记事刻辞分为一般性记事刻辞和五种记事刻辞,根据所在甲骨部位的不同,五种记事刻辞指甲桥刻辞、甲尾刻辞、背甲刻辞、骨面刻辞、骨臼刻辞。

3.4 习刻

指刻于甲骨上的非正式占卜刻辞。一般来说,习刻刻辞字体粗放,词句简单,内容多为干支表。

3.5 骨臼

牛肩胛骨俗称"扇子骨",其骨关节的内凹面,称为"骨臼"。

3.6 甲桥

指龟背甲和腹甲接合的部位,即龟腹甲左右两侧的中部弯曲的部分。

3.7 贞人

卜问命龟者。贞人名一般位于甲骨卜辞"卜"下"贞"上。

3.8 涂朱、涂墨

甲骨刻辞刻画中涂以朱色称为"涂朱",或称"填朱";涂以墨色称为"涂墨",或称"填墨"。

3.9 钻凿

占卜之前,要对甲骨进行攻治修整,在甲骨的背面用钻或凿的方式挖出小坑,利于占卜过程中施灼时在甲骨正面产生兆纹,这种小坑称为"钻凿"。

3.10 缀合片、被缀合片

甲骨出土后大多分裂破碎,原属同版的甲骨碎块需重新连接复合,即缀合,经过连接复原而成的相对完整的甲骨块称为缀合片,被缀合的甲骨碎块称为被缀合片。

3.11 隶定

按照古文字原有结构,用现行书写形式转写文字。

3.12 释文

根据古文字考释的结果,用现在通行的汉字释译甲骨刻辞。

3.13 合文

又称合书,是指古文字中前后相连的两个或几个字合写在一起,形式上是一个书写的构形单位。

3.14 重文

是一种非文字性的书写符号,用符号" = "标识于需要重读的文字下方,表示该字重复使用。

4 著录总则

4.1 甲骨资源的特点

甲骨资源包括甲骨的数字化资源及甲骨实物,数字化甲骨资源以照片或电子形态为主要存储载体,甲骨则是三维立体的实物。其特点表现在:

（1）甲骨资源没有明确的题名，一般以通用编号为代称。

（2）甲骨资源最终来源于甲骨实物，对数字化的甲骨资源的描述，仍需要以对甲骨实物的描述来进行补充。

（3）甲骨是三维实物，多在正面刻写文字，背面钻凿；少量也在背面刻辞，或正面钻凿；骨臼部分也多有刻辞。因此，就文字刻写的部位而言，甲骨资源需要描述的部位一般分为：正面、背面和臼面。

（4）甲骨出土后多为碎块，经整理和研究后，很多甲骨碎块可以缀合成更完整的缀合片。

4.2　著录单位

甲骨著录原则上以单块甲骨为著录单位，有独立编号的完整的甲骨和甲骨碎块都作为单块著录。每块甲骨的刻写人、刻写时间、刻写字体、刻写方法等不同，故而每块甲骨都是一个独立的文献单位。由多块甲骨组成的缀合片则视为一个新的单块，一个缀合片即是一个著录单位。

4.3　著录对象之间的关系及处理方法

甲骨资源的特殊性给著录对象带来不同的关联，甲骨资源著录对象间的不同关系和处理方法如下：

（1）并列关系

两块或两块以上的甲骨相互缀合，他们之间是并列关系。对并列关系的处理为：分别作为单独的对象著录，并在"相关资源"元素中设置反映相互之间的并列关联的"相互缀合"元素修饰词。

（2）包含关系

缀合片与被缀合片之间为包含关系。缀合片与被缀合片均作为单独的著录对象，并在"相关资源"元素中设置反映相互之间的上下包含关联的元素修饰词，"缀合片"表示向上链接的被包含关系，"被缀合片"表示向下链接的包含关系。

4.4　著录用文字、符号和代码

（1）著录文字使用规范的繁体汉字。

（2）除引用原文及年号纪年外，公元纪年、数量、尺寸等数字均用阿拉伯数字著录。

（3）为了便于研究利用，释文一般采用前人较为公认的说法加以隶定；无法隶定的甲骨文字，或已隶定而不见于现有字库的字，均统一给出相应的编码，并在"附注"元素说明所参照的依据。

(4)著录中属于考证的部分,用"〔 〕"表示。释文中残缺一个字,用"□"表示。残缺字不知其数的,用"■"表示。

4.5 著录项目

甲骨元数据需要著录的元素共有 25 个,部分元素之下又有若干元素修饰词,详见表 1"甲骨著录项目列表"。具体元素与元素修饰词在著录过程中如何应用,在著录细则中予以说明。

表 1 甲骨著录项目列表

元素	元素修饰词	编码体系修饰词
题名		
	其他题名	
责任者		
	责任方式	
	责任者说明	
日期		
		年号纪年
		公元纪年
资源类型		
语种		
附注		
	责任者附注	
主题		
		甲骨分类主题词表
时空范围		
	地点	
	年代	
		年号纪年
		公元纪年
相关资源		
	相关拓片	
	相关文献	
	缀合片	
	被缀合片	
	相互缀合	
版刻类型		
载体形态		
	数量	
	尺寸	

元素	元素修饰词	编码体系修饰词
收藏历史		
文物保护		
馆藏信息		
	典藏址	
	典藏号	
甲骨出土地点		
甲骨出土日期		
甲骨材质		
字数		
释文		
钻凿形态		
部位		
来源		
格式		
	资源载体	
	文件大小	
标识符		
权限		

5 著录细则

依据《国家图书馆专门元数据设计规范》要求,在著录细则中,对每个元素、每个元素修饰词及编码体系修饰词规定了12个说明项目,包括:名称、标签、定义、著录内容、注释、元素修饰词、编码体系修饰词及其用法、规范文档、必备性、可重复性、著录细则说明、著录范例。说明项目的定义与内容见表2。

上述说明项目中,"名称""标签""定义""必备性""可重复性"等为必备,且必须与元数据规范中的相同定义项目的内容保持一致,其他项目为有则必备。

表2 著录细则中元素和元素修饰词的说明项目

顺序	项目	项目定义与内容
1	名称	赋予术语的唯一标记
2	标签	元素或元素修饰词在本元数据规范中的可读标签

顺序	项目	项目定义与内容
3	定义	元素或元素修饰词在本元数据规范中的定义
4	著录内容	根据具体的资源对象,对比较抽象的核心元素、资源类型核心元素所做的具体、细化的说明
5	注释	对元素著录时任何注意事项的说明
6	元素修饰词	元素修饰词是对元素的语义进行修饰,提高元素的专指性和精确性的词。若有元素修饰词,给出元素修饰词在本规范中的标签
7	编码体系修饰词及其用法	编码体系修饰词是用来帮助解析某个术语值的上下文信息或解析规则。其形式包括受控词表、规范表或者解析规则。元素修饰词取值依据的各种受控词表和规范标记,或者其形式遵循的特定解析规则。因此,一个使用某一编码系统表达的值可能会是选自某一受控词表的标志(例如取自一部分类法或一套主题词表的标志)或一串根据规范标记格式化的字符,这里不仅要给出编码体系修饰词的名称,最重要的是,应给出编码体系修饰词的具体用法
8	规范文档	说明著录元素或元素修饰词内容时依据的各种规范。取值可能来自各种受控词表和规范。它可以和编码体系修饰词一致,也可以是适应具体需要而做出的相关规则
9	必备性	说明元素或元素修饰词是否必须著录。取值有:必备(M)、可选(O)、有则必备(MA)
10	可重复性	说明元素或元素修饰词是否可以重复著录。取值有:可重复、不可重复
11	著录细则说明	著录元素或元素修饰词时,对各种规定事项的说明
12	著录范例	对元素或元素修饰词著录的典型实例

5.1 题名

名称:title

标签:题名

定义:甲骨资源的名称。

著录内容:包括甲骨的通用编号和数字化甲骨资源的名称。

注释:甲骨本身没有明确的题名,甲骨通用编号即甲骨的题名。

元素修饰词:其他题名

必备性:必备(M)

可重复性:可重复

著录范例:

        例1 题名:北圖5622

               资源类型:甲骨

        例2 题名:北圖6500

               资源类型:甲骨照片

        例3 题名:北圖6500

               资源类型:甲骨電子照片

其他题名

名称:other title

标签:其他题名

定义:与通用题名不相同的其他名称。

注释:与通用编号不相同的名称,包括其他编号等。

必备性:可选(O)

可重复性:可重复

著录细则说明:

- 甲骨题名就是指其通用编号,一般是按通行命名原则构成的,即由收藏单位简称加编号组成。如国家图书馆藏某块甲骨,学术界习惯命名为"北图某某号",即为此块甲骨的通用题名。
- 通用编号以外的编号为其他题名。
- 两块或两块以上甲骨相缀合成一块新的甲骨,按学术界的通例,一般用"某号＋某号"表示。如,北图5769＋北图6310,表示两块甲骨实物缀合并粘连在一起。

著录范例:

        例1 题名:北圖7622

               其他题名:善齋2220

        例2 题名:北圖5769＋北圖6310

               其他题名:善齋366

               其他题名:善齋907

5.2 责任者

名称:creator

标签:责任者

定义:对创建甲骨资源内容负责任的实体。

著录内容:包括甲骨资源责任者的名称,即甲骨刻辞的责任者贞人或数字化甲骨资源的责任者,此项也可著录责任方式及时代方面的责任者说明。

元素修饰词:责任方式,责任者说明

必备性:有则必备(MA)

可重复性:可重复

5.2.1   责任方式

名称:role

标签:责任方式

定义:责任者在甲骨资源内容形成过程中所做的工作。

注释:甲骨资源的责任方式一般为"贞"和"卜",甲骨数字化资源的责任方式可视具体情况而定。

必备性:有则必备(MA)

可重复性:可重复

5.2.2   责任者说明

名称: statement of responsibility

标签:责任者说明

定义:对责任者时代方面的说明。

必备性:有则必备(MA)

可重复性:可重复

著录细则说明:

- 甲骨是中国商周时期的遗物,责任者的时代均著录为商代或周代,无需著录国别。

- 责任者原则上依原文著录,但若责任者为商王,则缺省。

- 责任者名称若辨认不清,但可据相关参考资料考证补全的,著录于"[ ]"内,考证依据在附注中说明。无法考证者,则不予著录。

- 甲骨上未记载责任者,不予著录。

- 责任方式一律根据甲骨所载著录,如"贞"或"卜"。

- 著录相同责任方式时,有多个责任者应按先后顺序依次著录。

- 甲骨数字资源的责任者和责任方式则依据具体资源内容形成的具体情况而著录。

著录范例:

例1   责任者:宾

责任方式:贞

责任者说明:商

例2   责任者:雀

　　　　责任方式:卜

　　　　责任者说明:商

例3   责任者:爭

　　　　责任方式:[贞]

　　　　责任者说明:商

　　　　注:"[贞]"表示"贞"字原本残缺,系补文。

5.3   日期

名称:date

标签:日期

定义:甲骨资源产生的时间。

著录内容:著录甲骨刻辞刻写的时间或数字资源制作的时间。

注释:甲骨刻辞的日期著录一般为年号纪年,根据学术界公认的说法,把殷墟甲骨刻辞所反映的商代后期分为五期:第一期为武丁,第二期为祖庚、祖甲,第三期为廪辛、康丁,第四期为武乙、文丁,第五期为帝乙、帝辛。甲骨数字资源的制作时间,一般采用 YYYY－MM－DD 的格式,当数字资源创制时间是一个时间段时,可以用起讫日期表示,如 2000－2003。

编码体系修饰词:年号纪年,公元纪年

必备性:有则必备(MA)

可重复性:可重复

5.3.1   年号纪年

名称:Chinese calendar year

标签:年号纪年

定义:按古代中国及其周边国家以帝王年号或国号为名称的纪年法标记的历史年代。

注释:甲骨资源的年号纪年具有特殊性,一般以商王分期为纪年标准。根据学术界公认的看法,把殷墟甲骨刻辞所反映的商代后期分为五期:第一期为武丁,第二期为祖庚、祖甲,第三期为廪辛、康丁,第四期为武乙、文丁,第五期为帝乙、帝辛。年号著录,参见"附录A   甲骨分期对照表"。

必备性:有则必备(MA)

可重复性:可重复

5.3.2   公元纪年

名称:Gregorian calendar year

标签:公元纪年

定义:以耶稣诞生之年为元年的纪年法。

注释:甲骨文中一般只记载贞人和日子,无年号和具体年月。此项著录时,先著录刻写朝代、王年号,再将该年号的公元纪年的起讫年著录于年号之后圆括号内。如:商武丁(B. C. 1250 – B. C. 1192)。

必备性:有则必备(MA)

可重复性:可重复

著录细则说明:

- 甲骨刻辞的日期即为甲骨上文字的刻写时间,数字化甲骨资源的日期即为其制作时间。
- 甲骨刻辞中记载有贞人或特定人名,依此可判断甲骨的大致年代,可作为著录刻写年代的参考。
- 甲骨刻辞未记载贞人,经考订可判断刻写年代者,应著录于方括号内。
- 甲骨刻辞未记载可供参考的年代信息,又无从考订者,年代一律著录为"商晚期(B. C. 1250 – B. C. 1046)"。
- 数字化甲骨资源的制作日期,按公元纪年著录。

著录范例:

　　　例1　年号纪年:商武丁時期(刻)

　　　　　　公元纪年:B. C. 1250 – B. C. 1192

　　　例2　年号纪年:商祖庚祖甲時期(刻)

　　　　　　公元纪年:B. C. 1191 – B. C. 1152

　　　例3　年号纪年:商廪辛康丁時期(刻)

　　　　　　公元纪年:B. C. 1151 – B. C. 1148

　　　例4　年号纪年:商武乙文丁時期(刻)

　　　　　　公元纪年:B. C. 1147 – B. C. 1102

　　　例5　年号纪年:商帝乙帝辛時期(刻)

　　　　　　公元纪年:B. C. 1101 – B. C. 1046

　　　例6　日期:2005 – 06 – 21

　　　　　　注:此为甲骨照片的制作日期。

5.4　资源类型

名称:type

标签:资源类型

定义:有关资源内容的特征和类型。

注释:甲骨资源的类型可以是甲骨实物或图像等数字化资源。建议系统采用来自于受控词表中的值,例如 DCMI 类型词汇表[DCMITYPE]。要描述甲骨的物理或数字化表现形式,须使用元素"格式"。

必备性:必备(M)

可重复性:可重复

著录范例:

> 例1　资源类型:甲骨
>
> 例2　资源类型:照片
>
> 　　　　格式:JPEG

5.5　语种

名称:language

标签:语种

定义:甲骨资源内容所使用的文字语种。

注释:这里所说的语种是指甲骨上出现的文字种类。

必备性:必备(M)

可重复性:可重复

著录范例:

> 语种:漢文

5.6　附注

名称:description

标签:附注

定义:对甲骨资源内容的描述及各著录项目的补充说明。

著录内容:甲骨资源的内容、形式等各方面的注释说明。

注释:此项著录涉及甲骨内容等各方面的注释说明,包括与甲骨有关的考证和说明,如甲骨真伪等,以及责任者的补充信息,与责任者有关的考证和说明。

必备性:可选(O)

可重复性:可重复

著录范例:

例 1　题名:北圖 4667
　　　　附注:塗朱
例 2　题名:北圖 4804
　　　　附注:偽刻

5.7　主题

名称:subject

标签:主题

定义:对甲骨资源内容的主题描述。

著录内容:此项著录与甲骨资源内容有关的关键词。

元素修饰词:甲骨内容关键词

必备性:可选(O)

可重复性:可重复

甲骨内容关键词

名称:oracle content keyword

标签:甲骨内容关键词

定义:依据甲骨内容对其主题进行标引的关键词。

注释:对于一版多辞、分别占卜数种事类者,按事类一一标明其应属类别。若一条卜辞能反映多项事类,分别予以标明,以便检索。具体参见"附录 B　甲骨内容关键词表"。

必备性:可选(O)

可重复性:可重复

著录范例:

　　　　甲骨内容关键词:祭祀、戰爭

5.8　时空范围

名称:coverage

标签:时空范围

定义:甲骨内容涉及的地点、时代范围。

注释:可考证的古今地名及时代均予以著录,地点以省市自治区、县、乡、村的名称顺序著录;年代著录可参考"附录 A:甲骨分期对照表。"

元素修饰词:地点,年代

编码体系修饰词:年号纪年,公元纪年

43

必备性:可选(O)

可重复性:可重复

5.8.1　地点

名称:spacial

标签:地点

定义:甲骨内容涉及的地理范围。

术语类型:元素修饰词

限定:时空范围

必备性:可选(O)

可重复性:可重复

5.8.2　年代

名称:temporal

标签:年代

定义:甲骨内容涉及的时代。

著录内容:甲骨年代著录采取以商王年号为标准的纪年法。著录甲骨年代参见"附录A　甲骨分期对照表"。

术语类型:元素修饰词

限定:时空范围

编码体系修饰词:年号纪年,公元纪年

必备性:可选(O)

可重复性:可重复

5.8.2.1　年号纪年

名称:Chinese calendar year

标签:年号纪年

定义:按古代中国及其周边国家以帝王年号或国号为名称的纪年法标记的历史年代。

注释:甲骨资源的年号纪年具有特殊性,一般以商王分期为纪年标准。根据学术界公认的看法,把殷墟甲骨刻辞所反映的商代后期分为五期:第一期为武丁,第二期为祖庚、祖甲,第三期为廪辛、康丁,第四期为武乙、文丁,第五期为帝乙、帝辛。年号著录,参见"附录A　甲骨分期对照表"。

必备性:必备(M)

可重复性:不可重复

5.8.2.2 公元纪年

名称:gregorian calendar year

标签:公元纪年

定义:以耶稣诞生之年为元年的纪年法。

注释:甲骨文中一般只记载贞人和日子,无年号和具体年月。此项著录时,先著录刻写朝代、王年号,再将该年号考证的公元纪年的起讫年著录于年号之后圆括号内。

必备性:必备(M)

可重复性:不可重复

著录范例:

      例1 时空范围.地点:河南省安陽市

               年代:商代後期(B.C.1300 – B.C.1046)

      例2 时空范围.地点:河南省安陽市

               年代:商祖庚、祖甲時期(B.C.1191 – B.C.1152)

5.9 相关资源

名称:relation

标签:相关资源

定义:可参照的相关文献资源。

注释:与著录甲骨资源相关的其他甲骨资源或文献资源。

术语类型:元素

元素修饰词:相关拓片,相关文献,缀合片,被缀合片,相互缀合

必备性:可选(O)

可重复性:可重复

5.9.1 相关拓片

名称:related items

标签:相关拓片

定义:被著录甲骨资源相对应的甲骨拓片资源。

注释:通过"相关拓片"可链接到对应甲骨实物的拓片资源。

必备性:可选(O)

可重复性:可重复

著录范例:

      相关拓片:北圖2253T

5.9.2 相关文献

名称:bibliographic references

标签:相关文献

定义:与被著录甲骨资源有关的主要文献。

著录内容:记录与甲骨相关的重要文献的出处。

注释:著录形式为:书名加著录号,可依文献出版年先后顺序排列。

必备性:可选(O)

可重复性:可重复

著录范例:

    相关文献:《殷契粹编》429

5.9.3 缀合片

名称:the conjugated

标签:缀合片

定义:由多个甲骨碎块连接复原而成的更完整的甲骨块。

注释:此处链接单块甲骨被缀合成较完整的缀合片的记录,表示著录对象与链接对象的被包含关系。

必备性:可选(O)

可重复性:可重复

著录范例:

    例1 题名:北圖5769

       缀合片:北圖5769 + 北圖6310

    例2 题名:北圖6310

       缀合片:北圖5769 + 北圖6310

注:题名为"北圖5769 + 北圖6310",表示北图5769与北图6310相互缀合且两片甲骨已经拼粘在一起。

5.9.4 被缀合片

名称:the piece of conjugated

标签:被缀合片

定义:组成缀合片的单个甲骨碎块。

注释:此处链接经缀合的甲骨所包含的被缀合单块的记录,表示著录对象与链接对象之间的包含关系。

必备性:可选(O)

可重复性:可重复

著录范例：

  题名:北圖 5769 + 北圖 6310

  被缀合片:北圖 5769

  被缀合片:北圖 6310

注:题名为"北图 5769 + 北图 6310",表示北图 5769 与北图 6310 相互缀合且两片甲骨已经拼粘在一起。

5.9.5　相互缀合

名称:mutually conjugated

标签:相互缀合

定义:与被著录甲骨相缀合的其他甲骨。

注释:此处链接可以互相缀合的甲骨的单块记录,表示著录对象与链接对象之间的并列关系。

必备性:可选(O)

可重复性:可重复

著录范例：

  题名:北圖 5438

  相互缀合:北圖 5349

  相关文献:《甲骨文合集》23671

注:北图 5438 与北图 5349 可以相互缀合,并被《甲骨文合集》收录为第 23671 号,但两片甲骨没有拼粘在一起。

5.10　版刻类型

名称:edition

标签:版刻类型

定义:因钻凿、占卜、刻制不同而产生不同特征的甲骨资源类型。

注释:著录甲骨的版刻方式和说明,以及甲骨的版本特征,如涂朱、涂墨或朱书、墨书等特征说明。

必备性:必备(M)

可重复性:可重复

著录细则说明：

- 甲骨的版刻类型,主要著录甲骨的版刻方式、具体特征及版刻细节。

- 甲骨的版刻类型主要有刀刻:包含原刻和习刻;以及涂朱、涂墨或朱书、墨书等。

著录范例：

  例1　版刻类型:原刻,塗朱

例2　版刻类型:原刻,塗墨

5.11　载体形态

名称:physical description

标签:载体形态

定义:甲骨资源的外观形态。

著录内容:主要是甲骨资源的数量和尺寸。

元素修饰词:数量,尺寸

必备性:必备(M)

可重复性:不可重复

5.11.1　数量

名称:number

标签:数量

定义:编目甲骨的块数、甲骨图片资源的张数。

注释:甲骨实物的数量,以"块"为计量单位;数字化甲骨资源的数量根据具体情况著录,如图片以"幅"为计量单位。

必备性:必备(M)

可重复性:不可重复

5.11.2　尺寸

名称:dimensions

标签:尺寸

定义:甲骨资源的外形大小。

注释:甲骨实物一般以刻辞文字的正向为测量高度的方向,与文字正向相垂直的方向为测量宽度的方向,以此取外形高广的最大尺寸,计量单位为"mm"。著录格式为:高度×宽度。

必备性:必备(M)

可重复性:不可重复

著录范例:

例1　(甲骨实物)数量:1 块

尺寸:12mm×100mm

例2　(甲骨照片)数量:1 幅

尺寸:350 mm×400mm

5.12 收藏历史

名称：provenance

标签：收藏历史

定义：对甲骨流传历史及藏品获得方式的描述。

著录内容：包括甲骨的来源、收藏沿革等。

必备性：可选(O)

可重复性：可重复

著录范例：

例1 收藏历史：胡厚宣舊藏，捐赠入藏。

例2 收藏历史：劉體智舊藏，1953年國家文物局調撥入藏。

例3 收藏历史：1961年由館秘書科轉交入藏。

5.13 文物保护

名称：protection

标签：文物保护

定义：对甲骨实物的保存状况及其他情况的描述。

著录内容：记录甲骨实物的保存条件，以及甲骨的破损、修复情况等。

必备性：可选(O)

可重复性：可重复

著录范例：

文物保护：庫房條件恒溫恒濕。甲骨有裂縫，已修復。

5.14 馆藏信息

名称：location

标签：馆藏信息

定义：资源所属机构提供的与资源相关的收藏信息。

著录内容：甲骨资源收藏的机构及典藏号码等。

元素修饰词：典藏址，典藏号

必备性：必备(M)

可重复性：不可重复

5.14.1 典藏址

名称：sub-location

标签:典藏址

定义:甲骨实物所属收藏机构的信息。

必备性:必备(M)

可重复性:不可重复

5.14.2 典藏号

名称:call number

标签:典藏号

定义:甲骨收藏机构为了检索和排架的需要而给予每块甲骨的编号。

必备性:必备(M)

可重复性:不可重复

著录范例:

典藏址:國家圖書館

典藏号:甲骨6320

5.15 甲骨出土地点

名称:excavator place

标签:甲骨出土地点

定义:甲骨实物出土的具体地点。

注释:甲骨出土地点著录中国可省略,按省(市、自治区)、县、乡、村为序依次著录。

元素修饰词:无

必备性:可选(O)

可重复性:不可重复

著录细则说明:经科学发掘的甲骨,一般出土地点很明确,应如实著录;非经科学发掘出土的甲骨,因其出土的坑位和地层均无考证,只能笼统地著录,如"河南省安阳市殷墟",以区别于其他地区出土的甲骨。

著录范例:

例1 甲骨出土地点:河南省安陽市花園莊

例2 甲骨出土地点:河南省安陽市殷墟小屯村

例3 甲骨出土地点:河南省安陽市殷墟

5.16 甲骨出土日期

名称:excavator date

标签:甲骨出土日期

定义:甲骨实物发掘出土或发现的年代。

注释:甲骨出土日期以公元纪年著录;若是出土的具体时间不详,也可模糊著录为某某年代;确实查无相关资料则著录为"不详"。

元素修饰词:无

必备性:可选(O)

可重复性:不可重复

著录范例:

例1 甲骨出土日期:1973 年 10 月

例2 甲骨出土日期:1930 年代

5.17 甲骨材质

名称:material

标签:甲骨材质

定义:甲骨实物的质料。

著录内容:一般分为龟甲和兽骨。

必备性:可选(O)

可重复性:不可重复

著录范例:

例1 甲骨材质:龜甲

例2 甲骨材质:獸骨

5.18 字数

名称:character amount

标签:字数

定义:甲骨上存有文字的数量。

注释:著录对象上文字的总数。合文和重文应拆分计数,但需注明,出现一组计为一处。

必备性:可选(O)

可重复性:不可重复

著录范例:

例1 字数:10 字(合文 3 處)

例2 字数:面 15 字(重文 2 處),背 6 字

例 3　字数：面 53 字，背 10 字，臼 5 字

例 4　字数：面 13 字，甲橋 7 字

5.19　释文

名称：punctuated transcription

标签：释文

定义：根据古文字考释的结果用现在通行的汉字将甲骨文字释译出来。

注释：甲骨上刻写的所有的字都要做出相应释文来。

必备性：可选（O）

可重复性：不可重复

著录细则说明：

- 释文一般用标准的繁体字，采用前人较为公认的说法。无法隶定的甲骨文字，或是已隶定而不见于现有的字库的隶定文字，均统一给出相应的编码，并在"附注"元素中说明所参照的依据。

- 释文中属于考证的部分，用"［　］"表示。释文中残缺一个字，用"□"表示。残缺字不知其数的，用"■"表示。

- 甲骨的正面、背面、臼面等都有刻字的，在释文中按面、背、臼的顺序，分别做详细著录，并标明刻辞所在的位置。

- 为了保证释文的通用性和一致性，释文一般采取宽式释文，可加标点。

著录范例：

例 1　题名：北圖 6805

释文：先大庚，又自中丁。

例 2　题名：北圖 6828

释文：(1)弜至。

(2)■中宗■［王］受又又。吉。

例 3　题名：北圖 6802

释文：(1)其牢［物］。二

(2)其牢物。兹用。二

(3)［其］牢物。［兹］用。二

例 4　题名：北圖 7024

释文：貞：王賓□亡尤。

例 5　题名：北圖 7105

释文:(面)貞:燎三小#2669■三牛。

(背)□[午]乞[自]■

例6 题名:北圖 379

释文:(面)#3694□立□

(臼)示

注:释文中的代码"#2669""#3694"为隶定集外字或原形字,字码编号参考:《甲骨文字编》,李宗焜编,中华书局,2012 年。

5.20 钻凿形态

名称:description shapes of chiseled hollows

标签:钻凿形态

定义:甲骨占卜过程中,在甲骨面上所施的钻、凿及烧灼的痕迹。

注释:主要描述甲骨面上保存的钻凿的数量和形态及所处位置。以"个"为单位;对甲骨面上钻凿形态的描述,一般表述为方形、圆形、长条形等。

必备性:可选(O)

可重复性:可重复

著录范例:

例1 钻凿形态:有鑿无鑽,共 10 个,分別位於龜甲两侧。

例2 钻凿形态:共 5 个長條形鑽鑿。

例3 钻凿形态:正面有 3 个圆形鑽鑿,背面有 6 个圆形鑽鑿。

5.21 部位

名称:position

标签:部位

定义:在编甲骨资源在完整甲骨实物中的具体位置。

注释:著录甲骨实物的正面、背面或臼面等信息,也可描述甲骨碎块在完整甲骨中的具体部位。整版龟腹甲根据部位,可以划分为首甲、中甲、前甲、后甲、尾甲、甲桥等。

必备性:可选(O)

可重复性:可重复

著录范例:

例1 部位:正面,右首甲

例2 部位:背面,牛肩胛骨下半骨扇

例3　部位：牛肩胛骨骨臼

5.22　来源

名称：source

标签：来源

定义：甲骨资源的出处信息。

注释：此处可链接被著录甲骨资源的直接底本或来源信息，如甲骨实物信息、图片影像或电子资源、网络资源等。

必备性：必备（M）

可重复性：不可重复

著录范例：

例1　资源类型：甲骨照片

来源：甲骨實物：北圖4532

例2　资源类型：甲骨電子照片

来源：中國國家圖書館特色資源圖片頻道——甲骨實物：北圖5361

http://mylib.nlc.gov.cn/web/guest/jiagushiwu

5.23　格式

名称：format

标签：格式

定义：甲骨资源的物理载体或电子形态。

注释：包括数字化甲骨资源的媒体类型或资源的大小，以用来标识或展示操作资源所需的软硬件或其他相应设备，例如尺寸规格可以是大小尺寸或持续时间。

元素修饰词：资源载体、文件大小

必备性：必备（M）

可重复性：不可重复

5.23.1　资源载体

名称：medium

标签：资源载体

定义：电子资料的载体形式。

注释：说明甲骨电子资源的载体形式，同一文件的两种或多种格式保存在不同的载体上，可重复描述。

必备性:必备(M)

可重复性:可重复

著录范例:

　　　　　资源载体:光盤

5.23.2　文件大小

名称:extent

标签:文件大小

定义:甲骨电子图片的存储容量。

注释:用于注明甲骨电子资源的存储容量大小,包括其文件单位代码。

必备性:必备(M)

可重复性:不可重复

著录范例:

　　　　例1　资源载体:相紙

　　　　例2　资源载体:柯達135反轉片

　　　　例3　格式:TIFF

　　　　　　　资源载体:DVD-R光盤

　　　　　　　文件大小:46.1MB

　　　　例4　格式:JPEG

　　　　　　　资源载体:DVD-R光盤

　　　　　　　文件大小:1.47 MB

5.24　标识符

名称:identifier

标签:标识符

定义:每个甲骨资源著录单位所具备的系统唯一标识符。

注释:标识符又被称作统一数字资源标识,即每一条记录提交时系统自动生成的ID号。

必备性:必备(M)

可重复性:不可重复

5.25　权限

名称:rights

标签:权限

定义:甲骨资源本身所有或被赋予的权限信息。

注释:权限管理一般包括知识产权(IPR)、版权和其他各种产权。这里用于著录甲骨资源的版权信息和相关使用或访问权限。

必备性:必备(M)

可重复性:不可重复

著录范例:

　　权限:館内閲覽

第三部分　甲骨元数据著录样例

一、甲骨实物著录

例1

资源类型		甲骨
题名		北圖 3201
	其他题名	
责任者	责任方式	
	责任者说明	
日期	年号纪年	商武丁時期
	公元纪年	B. C. 1250 – B. C. 1192
甲骨出土地点		河南省安陽市殷墟
甲骨出土日期		清末民國［1899 – 1949 年間］
版刻类型		原刻；塗朱
甲骨材质		龜甲
语种		漢文
载体形态	数量	1 塊
	尺寸	40mm × 27mm
部位		後左甲
钻凿形态		
收藏历史		胡厚宣舊藏，1940 年捐贈
相关资源	相关拓片	北圖 3201T
	相关文献	《甲骨文合集》372
字数		9 字
释文		□申［卜］，貞：六□，五羌，□羊？七月。一
文物保护		恒溫恒濕
主题	甲骨内容关键词	祭祀、畜牧
时空范围		
	年代	商武丁時期（B. C. 1250 – B. C. 1192）
	地点	河南省安陽市
附注		
标识符		（系統自動生成 ID 號）
权限		不提供閱覽
馆藏信息	典藏址	國家圖書館
	典藏号	甲骨 3201

例 2

资源类型		甲骨
题名		北圖 5518
	其他题名	善 115
责任者		尹
	责任方式	貞
	责任者说明	商
日期		
	年号纪年	商祖庚祖甲時期
	公元纪年	B. C. 1191 – B. C. 1152
甲骨出土地点		河南省安陽市殷墟
甲骨出土日期		清末民國［1899 – 1949 年間］
版刻类型		原刻
甲骨材质		龜甲
语种		漢文
载体形态	数量	1 塊
	尺寸	65mm × 63mm
部位		前右甲
钻凿形态		
收藏历史		劉體智善齋舊藏，文化部調撥
相关资源	相关文献	《甲骨文合集》22723
	相互缀合	北圖 5538
字数		101 字
释文		(1)丁未卜，尹貞：王賓大丁彡亡尤？一
		(2)甲寅卜，尹貞：王賓大甲彡亡尤？在正月。
		(3)庚申卜，尹貞：王賓大［庚彡］亡尤？一
		(4)丁丑卜，尹貞：王賓中丁彡亡［尤］？
		(5)乙酉卜，尹貞：王賓祖乙彡亡［尤］？
		(6)［辛］卯卜，尹［貞］：王賓祖辛彡亡尤？
		(6)丁酉卜，尹貞：王賓祖丁彡亡尤？在二月。
		(7)丁巳卜，尹貞：王賓父丁彡亡［尤］？在二月。一
文物保护		恒溫恒濕
主题	甲骨内容关键词	祭祀、貴族、吉凶

资源类型		甲骨
时空范围		
	年代	商祖庚祖甲時期（B.C.1191 – B.C.1152）
	地点	河南省安陽市
附注		
标识符		（系統自動生成 ID 號）
权限		不提供閱覽
馆藏信息	典藏址	國家圖書館
	典藏号	甲骨 5518

例 3

资源类型		甲骨
题名		北圖 5538
	其他题名	善 135
责任者		尹
	责任方式	貞
	责任者说明	商
日期		
	年号纪年	商祖庚祖甲時期
	公元纪年	B.C.1191 – B.C.1152
甲骨出土地点		河南省安陽市殷墟
甲骨出土日期		清末民國［1899 – 1949 年間］
版刻类型		原刻
甲骨材质		龜甲
语种		漢文
载体形态	数量	1 塊
	尺寸	70mm × 55mm
部位		前右甲
钻凿形态		
收藏历史		劉體智善齋舊藏，文化部調撥
相关资源	相关文献	《甲骨文合集》22723
	相互缀合	北圖 5518
字数		101 字

资源类型		甲骨
释文		(1)丁未卜,尹貞:王賓大丁彡亡尤? 一
		(2)甲寅卜,尹貞:王賓大甲彡亡尤? 在正月。
		(3)庚申卜,尹貞:王賓大[庚彡]亡尤? 一
		(4)丁丑卜,尹貞:王賓中丁彡亡[尤]?
		(5)乙酉卜,尹貞:王賓祖乙彡亡[尤]?
		(6)[辛]卯卜,尹[貞]:王賓祖辛彡亡尤?
		(6)丁酉卜,尹貞:王賓祖丁彡亡尤? 在二月。
		(7)丁巳卜,尹貞:王賓父丁彡亡[尤]? 在二月。 一
文物保护		恒溫恒濕
主题	甲骨内容关键词	祭祀
时空范围		
	年代	商祖庚祖甲時期(B.C.1191 – B.C.1152)
	地点	河南省安陽市
附注		
标识符		(系統自動生成 ID 號)
权限		不提供閱覽
馆藏信息	典藏址	國家圖書館
	典藏号	甲骨 5538

例 4

资源类型		甲骨
题名		北圖 5769 + 北圖 6310
	其他题名	
责任者		行
	责任方式	貞
	责任者说明	商
日期		
	年号纪年	商祖庚祖甲時期
	公元纪年	B.C.1191 – B.C.1152
甲骨出土地点		河南省安陽市殷墟
甲骨出土日期		清末民國[1899 – 1949 年間]
版刻类型		原刻

资源类型		甲骨
甲骨材质		獸骨
语种		漢文
载体形态	数量	2 块
	尺寸	178mm × 25mm
部位		
钻凿形态		
收藏历史		劉體智善齋舊藏,文化部調撥
相关资源	相关拓片	北圖 5769T + 北圖 6310T
	相关文献	《甲骨文合集》23120
	被缀合片	北圖 6310
	被缀合片	北圖 5769
字数		80 字
释文		(1)乙亥卜,行貞:王賓小乙#4114 亡尤? 在十一月。
		(2)乙亥卜,行貞:王賓#1311 亡尤?
		(3)丁丑卜,行貞:王賓父丁#4114 亡尤?
		(4)[庚]囗卜,行[貞]:[王]賓兄庚[#4114 亡]尤?
		(5)己卯卜,行貞:王賓兄己#4114 亡尤?
		(6)己卯卜,行貞:王賓#1311 亡尤?
		(7)丁丑卜,行貞:王賓#1311 亡尤? 在十一月。
文物保护		恒溫恒濕
主题	甲骨内容关键词	祭祀
时空范围		
	年代	商祖庚祖甲時期(B. C. 1191 – B. C. 1152)
	地点	河南省安陽市
附注		北圖 5769 與北圖 6310 兩塊甲骨實物已綴合,并粘拼成一塊
标识符		(系統自動生成 ID 號)
权限		不提供閱覽
馆藏信息	典藏址	國家圖書館
	典藏号	甲骨 5769、甲骨 6310

例 5

资源类型		甲骨
题名		北圖 6803
	其他题名	善 1400
责任者		
	责任方式	
	责任者说明	商
日期		
	年号纪年	商武丁時期
	公元纪年	B. C. 1250 – B. C. 1192
甲骨出土地点		河南省安陽市殷墟
甲骨出土日期		清末民國[1899 – 1949 年間]
版刻类型		原刻
甲骨材质		獸骨
语种		漢文
载体形态	数量	1 塊
	尺寸	22mm × 56mm
部位		
钻凿形态		
收藏历史		劉體智善齋舊藏,文化部調撥
相关资源	相关拓片	北圖 6803T
	相关文献	《甲骨文合集》13164
字数		5 字(合文 1)
释文		■易日。十二月。
文物保护		恒溫恒濕
主题	甲骨内容关键词	氣象
时空范围		
	年代	商武丁時期(B. C. 1250 – B. C. 1192)
	地点	河南省安陽市
附注		
标识符		(系统自动生成 ID 號)
权限		不提供閱覽
馆藏信息	典藏址	國家圖書館
	典藏号	甲骨 6803

例 6

资源类型		甲骨
题名		北圖 6929
	其他题名	善 1526
责任者		行
	责任方式	貞
	责任者说明	商
日期		
	年号纪年	商祖庚祖甲時期
	公元纪年	B. C. 1191 – B. C. 1152
甲骨出土地点		河南省安陽市殷墟
甲骨出土日期		清末民國 [1899 – 1949 年間]
版刻类型		原刻
甲骨材质		獸骨
语种		漢文
载体形态	数量	1 塊
	尺寸	30mm × 13mm
部位		
钻凿形态		
收藏历史		劉體智善齋舊藏,文化部調撥
相关资源	相关拓片	北圖 6929T
	相关文献	《甲骨文合集補編》7912
字数		11 字(合文 1)
释文		□□卜,行 [貞]:王賓 [#1311] 亡尤。
		辛 [亥卜],□貞:王□小辛■
文物保护		恒溫恒濕
主题	甲骨内容关键词	祭祀、貴族、吉凶
时空范围		
	年代	商祖庚祖甲時期(B. C. 1191 – B. C. 1152)
	地点	河南省安陽市
附注		
标识符		(系統自動生成 ID 號)
权限		不提供閱覽
馆藏信息	典藏址	國家圖書館
	典藏号	甲骨 6929

例 7

资源类型		甲骨
题名		北圖 25
	其他题名	
责任者		
	责任方式	
	责任者说明	商
日期		
	年号纪年	商武乙文丁時期
	公元纪年	B. C. 1147 – B. C. 1102
甲骨出土地点		河南省安陽市殷墟
甲骨出土日期		清末民國［1899 – 1949 年間］
版刻类型		原刻
甲骨材质		獸骨
语种		漢文
载体形态	数量	1 塊
	尺寸	50mm × 28mm
部位		
钻凿形态		
收藏历史		沐園舊藏，文化部調撥
相关资源	相关拓片	北圖 25T
	相关文献	《甲骨文合集》33979
字数		7 字
释文		癸丑貞：甲啟至？ 三
文物保护		恒溫恒濕
主题	甲骨内容关键词	氣象
时空范围		
	年代	商武乙文丁時期（B. C. 1147 – B. C. 1102）
	地点	河南省安陽市
附注		
标识符		（系統自動生成 ID 號）
权限		不提供閱覽
馆藏信息	典藏址	國家圖書館
	典藏号	甲骨 25

例 8

资源类型		甲骨
题名		北圖 63
	其他题名	
责任者		賓
	责任方式	貞
	责任者说明	商
日期		
	年号纪年	商廪辛康丁時期
	公元纪年	B. C. 1151 – B. C. 1148
甲骨出土地点		河南省安陽市殷墟
甲骨出土日期		清末民國［1899 – 1949 年間］
版刻类型		原刻
甲骨材质		龜甲
语种		漢文
载体形态	数量	1 塊
	尺寸	16mm × 22mm
部位		
钻凿形态		
收藏历史		沐園舊藏, 文化部調撥
相关资源	相关拓片	北圖 63T
	相关文献	《甲骨文合集》30571
字数		3 字
释文		□丑［卜］, 賓［貞］:□亡［尤］?
文物保护		恒溫恒濕
主题	甲骨内容关键词	吉凶夢幻
时空范围		
	年代	商廪辛康丁時期(B. C. 1151 – B. C. 1148)
	地点	河南省安陽市
附注		
标识符		(系統自動生成 ID 號)
权限		不提供閱覽
馆藏信息	典藏址	國家圖書館
	典藏号	甲骨 63

二、甲骨照片著录

例 9

资源类型		甲骨照片
题名		北圖 3201
	其他题名	
责任者		國家圖書館古籍館
日期		2004 – 05 – 04
语种		漢文
载体形态	数量	1 幅
	尺寸	100mm × 150mm
字数		9 字
释文		□申[卜],貞:六□,五羌,□羊? 七月。一
相关资源	相关拓片	北圖 3201T
	相关文献	《甲骨文合集》372
主题	甲骨内容关键词	祭祀、畜牧
时空范围	年代	商武丁時期(B. C. 1250 – B. C. 1192)
	地点	河南省安陽市湯陰縣
来源		甲骨實物:甲骨 3201
格式	资源载体	相紙
	文件大小	
标识符		(系統自動生成 ID 號)
权限		館內閱覽
馆藏信息	典藏址	國家圖書館
	典藏号	甲骨照片 3201

例 10

资源类型		甲骨照片
题名		北圖 5361
	其他题名	
责任者		國家圖書館古籍館
日期		2004 – 07 – 28
语种		漢文
载体形态	数量	1 幅
	尺寸	65mm × 65mm
字数		9 字
释文		癸□[卜],貞:■[翌]□巳■其■二
相关资源	相关拓片	北圖 5361T
	相关文献	《殷契粹编》19,《甲骨文合集》372
主题	甲骨内容关键词	文字
时空范围	年代	商祖庚祖甲時期(B. C. 1191 – B. C. 1152)
	地点	河南省安陽市
来源		甲骨實物:甲骨 5361
格式	资源载体	柯達 135 反轉片
	文件大小	
标识符		(系統自動生成 ID 號)
权限		館内閱覽
馆藏信息	典藏址	國家圖書館
	典藏号	甲骨照片 5361

三、甲骨电子照片著录

例 11

资源类型		甲骨电子照片
题名		北圖 5518
	其他题名	

资源类型		甲骨电子照片
责任者		國家圖書館古籍館
日期		2004 – 07 – 04
语种		漢文
载体形态	数量	1 幅
	尺寸	3534 × 4567
相关资源		
	相关文献	《甲骨文合集》22723
字数		101 字
释文		(1)丁未卜,尹貞:王賓大丁彡亡尤? 一
		(2)甲寅卜,尹貞:王賓大甲彡亡尤? 在正月。
		(3)庚申卜,尹貞:王賓大[庚彡]亡尤? 一
		(4)丁丑卜,尹貞:王賓中丁彡亡[尤]?
		(5)乙酉卜,尹貞:王賓祖乙彡亡[尤]?
		(6)[辛]卯卜,尹[貞]:王賓祖辛彡亡尤?
		(6)丁酉卜,尹貞:王賓祖丁彡亡尤? 在二月。
		(7)丁巳卜,尹貞:王賓父丁彡亡[尤]? 在二月。一
主题	甲骨内容关键词	祭祀
时空范围		
	年代	商祖庚祖甲時期(B. C. 1191 – B. C. 1152)
	地点	河南省安陽市
来源		甲骨實物:甲骨 5518
格式		TIFF
	资源载体	DVD – R 光盤
	文件大小	46. 1MB
标识符		(系統自動生成 ID 號)
权限		不提供閱覽
馆藏信息	典藏址	國家圖書館
	典藏号	甲骨 5518Z

例 12

资源类型		甲骨电子照片
题名		北圖 5538
	其他题名	
责任者		國家圖書館古籍館
日期		2004 – 07 – 28
语种		漢文
载体形态	数量	1 幅
	尺寸	2171 × 2825
相关资源	相关文献	《甲骨文合集》22723
字数		101 字
释文		(1) 丁未卜,尹貞:王賓大丁彡亡尤? 一
		(2) 甲寅卜,尹貞:王賓大甲彡亡尤? 在正月。
		(3) 庚申卜,尹貞:王賓大[庚彡]亡尤? 一
		(4) 丁丑卜,尹貞:王賓中丁彡亡[尤]?
		(5) 乙酉卜,尹貞:王賓祖乙彡亡[尤]?
		(6) [辛]卯卜,尹[貞]:王賓祖辛彡亡尤?
		(6) 丁酉卜,尹貞:王賓祖丁彡亡尤? 在二月。
		(7) 丁巳卜,尹貞:王賓父丁彡亡[尤]? 在二月。一
主题	甲骨内容关键词	祭祀
时空范围	年代	商祖庚祖甲時期(B. C. 1191 – B. C. 1152)
	地点	河南省安陽市
来源		甲骨實物:甲骨 5538
格式	JPEG	
	资源载体	DVD – R 光盤
	文件大小	1.81MB
标识符		(系統自動生成 ID 號)
权限		不提供閱覽
馆藏信息	典藏址	國家圖書館
	典藏号	甲骨 5538Z

例 13

资源类型		甲骨电子照片
题名		北圖 6803
	其他题名	
责任者		國家圖書館古籍館
日期		2004 – 07 – 30
语种		漢文
载体形态	数量	1 幅
	尺寸	2559 × 1976
相关资源		甲骨 6803
	相关文献	善 1400,《甲骨文合集》13164
字数		5 字(合文 1)
释文		■易日。十二月。
主题	甲骨内容关键词	氣象
时空范围	年代	商武丁時期(B. C. 1250 – B. C. 1192)
	地点	河南省安陽市
来源		甲骨實物:甲骨 6803
格式		JPEG
	资源载体	DVD – R 光盤
	文件大小	0.98MB
标识符		(系统自动生成 ID 號)
权限		不提供閱覽
馆藏信息	典藏址	國家圖書館
	典藏号	甲骨 6803Z

例 14

资源类型		甲骨电子照片
题名		北圖 6929
	其他题名	
责任者		國家圖書館古籍館
日期		2004 – 08 – 14
语种		漢文
载体形态	数量	1 幅
	尺寸	1817 × 2208

资源类型		甲骨电子照片
附注		释文中的"#1311"和"#4114"為隸定集外字或原形字,字碼编號參考:《甲骨文字編》,李宗焜编,中華書局,2012 年
相关资源		甲骨 6929
	相关文献	善 1526,《甲骨文合集補編》7912
字数		11 字(合文 1)
释文		□□卜,行[貞]:王賓[#1311]亡尤。 辛[亥卜],□貞:王□小辛■
主题	甲骨内容关键词	祭祀、貴族、吉凶
时空范围		
	年代	商祖庚祖甲時期(B. C. 1191 – B. C. 1152)
	地点	河南省安陽市
来源		中國國家圖書館特色資源圖片頻道——甲骨實物:北圖 5361 http://mylib.nlc.gov.cn/web/guest/jiagushiwu
格式		JPEG
	资源载体	
	文件大小	0.541MB
标识符		(系統自動生成 ID 號)
权限		不提供閱覽
馆藏信息	典藏址	國家圖書館
	典藏号	甲骨 6929Z

注:(1)释文中的"#1311"和"#4114"为隶定集外字或原形字,字码编号参考:《甲骨文字编》,李宗焜编,中华书局,2012 年。

(2)著录中属于考证的部分,用"[ ]"表示。释文中残缺一个字,用"□"表示。残缺字不知其数的,用"■"表示。

附录 A　甲骨分期对照表

	商王分期	甲骨分期	公元纪年（B.C.）
商代后期	盘庚(迁殷后) 小辛 小乙		1300 – 1251
	武丁	第一期	1250 – 1192
	祖庚 祖甲	第二期	1191 – 1152
	廪辛 康丁	第三期	1151 – 1148
	武乙 文丁	第四期	1147 – 1102
	帝乙 帝辛	第五期	1101 – 1046

附录 B　甲骨内容关键词表

官吏,礼制,教育,军队,刑罚,监狱,战争,方域,贡纳,农业,田猎,畜牧,手工业,商业,交通,天文,历法,气象,建筑,疾病,生育,鬼神崇拜,祭祀,吉凶梦幻,卜法,文字。

参考文献

1. 专门数字对象描述元数据规范子项目组. 专门数字对象描述元数据规范设计指南(科技部科技基础性工作专项资金重大项目研究成果),2004 – 05

2. 专门数字对象描述元数据规范子项目组. 专门元数据规范设计指南(科技部科技基础性工作专项资金重大项目研究成果),2005 – 12

3. 专门数字对象描述元数据规范子项目组. 古籍元数据规范(科技部科技基础性工作专项资金重大项目研究成果),2005 – 12

4. 专门数字对象描述元数据规范子项目组. 古籍元数据著录规则(科技部科技基础性工作专项资金重大项目研究成果),2005 – 12

5. 国家标准化管理委员会:古籍著录规则(GB/T 3792.7—2008). 北京:中国标准出版社,2009

6. 全国文献工作标准化技术委员会第六分委员会. 中华人民共和国国家标准:文献著录总则(GB 3792.1 – 83), 1983 – 07 – 02

7. 国家图书馆《中国文献编目规则》修订组. 中国文献编目规则(第二版). 北京:北京图书馆出版社(今国家图书馆出版社),2005

8. 冀亚平编. 中文拓片编目规则//国家图书馆. 中文拓片机读目录使用手册. 北京:北京图书馆出版社(今国家图书馆出版社),2002

9. 肖珑、赵亮主编. 中文元数据概论与实例. 北京:北京图书馆出版社(今国家图书馆出版社),2007

10. 孟世凯. 甲骨学小辞典. 上海:上海辞书出版社,1987

后 记

国家图书馆是最大的甲骨收藏单位之一,长期以来一直有专人从事甲骨传拓、整理、编目以及数字化等工作和研究,因此,"国家数字图书馆工程专门元数据标准与著录规范——甲骨"子项目成为唯一由国家图书馆自己承担的课题。但是,建立甲、乙项目组共同完成标准研制的模式并未因此而改变,国家图书馆于2007年9月成立"国家数字图书馆工程专门元数据标准与著录规范——古文献"甲方项目组,负责古籍、舆图、拓片、家谱及甲骨等5个古文献类元数据标准和著录规范研制的需求提出、研制配合、成果文本修改等工作。该项目组组成为:

组长:苏品红

成员:谢冬荣、鲍国强、冀亚平、王荟、卢芳玉、白鸿叶、孙俊、申军

乙方项目组则是在2009年8月项目正式立项时成立,项目组组长原为史睿,后因史睿先生的工作变动,改由卢芳玉担任项目组组长,项目组组成为:

组长:卢芳玉

成员:胡辉平、赵爱学、贾双喜、袁玉红

2010年2月,乙方项目组提交了项目成果草稿,此后,甲、乙项目组反复沟通、探讨,在元数据构架、元素及修饰词设置等诸多方面进行大幅度调整,先后有5次大的修改,并于2012年2月将项目成果提交馆内专家验收。根据馆内专家意见进行修改和完善后,2012年8月6日—8月19日,项目成果在国家图书馆网站上接受公开质询。2012年9月27日,项目成果正式通过业界专家验收,并于2012年12月结项。

"国家数字图书馆工程专门元数据标准与著录规范——甲骨"项目由卢芳玉、苏品红负责统筹、标准规范的总体设计及成果文本的审核,胡辉平、赵爱学负责成果文本的撰写,贾双喜、袁玉红参与了本标准规范研制,甲方项目组成员谢冬荣、鲍国强、冀亚平、王荟、白鸿叶、孙俊等对项目需求的提出、成果的讨论和修改以及最终定稿等方面履行了应有的职责。

项目的成功研制,离不开业界专家冯时、李国英、罗琳、耿骞、沈玉兰等先生所给予的宝贵意见,离不开馆内专家申晓娟、周晨、董馥荣、李红英等先生提出的各种有益建议,国家图书馆业务管理处的王文玲、胡昱晓二位同志在标准研制管理中也做了不少工作,在此一并表示由衷感谢!

编者
2013 年 10 月